Hisako Aoki · I
Die Weihnacht
erzählt vom Wei

Die Autorin:

Hisako Aoki ist freie Schriftstellerin, Herausgeberin, Verlegerin und Übersetzerin von Kinderbüchern und Organisatorin von Kinderbuchausstellungen in Japan.

Der Illustrator:

Ivan Gantschev wurde in Bulgarien geboren und studierte an der Kunstakademie in Sofia. Er lebt seit 1967 in der Bundesrepublik Deutschland. Sein großes Können hat ihm internationalen Ruhm und Anerkennung eingebracht. Seine Bücher wurden bisher in vielen Ländern veröffentlicht, in Japan liegen seine Auflagen in Millionenhöhe, aber auch in England, Frankreich, den Niederlanden, Italien, den Vereinigten Staaten sind seine Bücher Freunde der Kinder. Ivan Gantschev hatte Ausstellungen in der Schweiz, in Italien, Frankreich, Österreich, in den USA im Metropolitan Museum und in Deutschland, u.a. im Klingspor-Museum in Offenbach. 1985 wurde Ivan Gantschev mit einer Goldplakette anläßlich der Biennale für Illustration in Bratislava (BIB) ausgezeichnet.

Hisako Aoki · Ivan Gantschev

Die Weihnachtsgeschichte, erzählt vom Weihnachtsmann

Deutsche Textfassung von Edgar Breuss

Mit Bildern von Ivan Gantschev

Deutscher Taschenbuch Verlag

Ungekürzte Ausgabe, zwei Bilder von Ivan Gantschev
taschenbuchgerecht verändert
Oktober 1987
11. Auflage Oktober 1997
Deutscher Taschenbuch Verlag GmbH & Co. KG,
München
© 1982 Verlag Neugebauer Press, Gossau/Zürich,
in Zusammenarbeit mit Kado-Sobo, Tokyo
ISBN 3-85195-122-0
Umschlagkonzept: Balk & Brumshagen
Umschlagbild: Ivan Gantschev
Gesetzt aus der Garamond 12/13
Gesamtherstellung: Kösel, Kempten
Printed in Germany · ISBN 3-423-07984-3

›Nicht viel los in so einem Winterwald‹,
denkt der Fuchs. ›Nur Schnee.
Nirgends ein Hühnchen zu sehen.
Aber da? Hinter dem Baum?‹
Es riecht pelzig.
Und neugierig schleicht der Fuchs näher.

Halt! Da sitzt doch der Weihnachtsmann!
Sitzt einfach so da und schläft.
Er schnarcht dabei sogar ein bißchen.
›Du meine Güte‹, denkt der Fuchs.
›Der Weihnachtsmann ist schon da.
Hurra!‹
Schnell läuft der Fuchs davon,
um es allen Tieren zu erzählen:
»Der Weihnachtsmann ist da!«

Ist das eine Aufregung im Wald.
»Was, der Weihnachtsmann?
Was, schon Weihnachten?«
Aufgeregt stehen sie da und schauen
dem Weihnachtsmann beim Schlafen zu.
»Wirklich, es ist der Weihnachtsmann!«
So ganz aus der Nähe sieht man ihn selten.
Endlich wacht er auf.
»He, was macht ihr denn alle da?«
fragt er sie, und sie fragen ihn:
»Ja, was machst du denn da,
ist denn schon Weihnachten?«
»Und wo sind die Geschenke?«
fragt der Fuchs.
»So weit sind wir noch nicht«,
antwortet der Weihnachtsmann.
»Ich bin nur dabei, mich für
Weihnachten in Form zu bringen.

Ich bin durch den Wald gelaufen
und dabei müde geworden.
Ich bin nicht mehr der Jüngste, wißt ihr,
ich werde schnell müde in letzter Zeit...
und jedes Jahr mehr Geschenke...
sie wünschen sich allerhand,
die Leute, wißt ihr«, brummt
der Weihnachtsmann. »Das schafft einen
ganz schön jedes Jahr.«

Dabei erschrecken die Tiere.
Was sagte er da gerade?
»Kann es sein, daß du einmal
zu müde für Weihnachten bist?«
fragt der Fuchs.
»Aber nein, natürlich wird es immer
Weihnachten geben«, sagt der Weihnachtsmann.
»Das Wichtigste an Weihnachten
bin doch nicht ich!
Kennt ihr eigentlich die Weihnachtsgeschichte?
Setzt euch hin,
ich werde sie euch erzählen:

*Es geschah vor langer Zeit
an einem weit entfernten Ort,
der Bethlehem hieß.
Es war Nacht, die Hirten hatten
ihre Schafe zusammengetrieben.
Einige Hirten saßen da
und redeten miteinander,
die anderen hatten sich schon
zum Schlafen niedergelegt.
Es war sehr still.*

*Da stieg auf einmal ein schöner,
heller Stern am Himmel auf,
und wie die Hirten da standen und staunten,
hörten sie eine Stimme:
›Fürchtet euch nicht,
ich habe eine gute Nachricht:
Gerade jetzt wurde
das Christkind geboren,
der Sohn Gottes.
Gott hat seinen Sohn auf die Welt gesandt,
um den Menschen zu zeigen,
daß er sie liebt
und sie nicht allein läßt.
Geht dem Stern nach,
er führt euch zum Christkind.‹*

*Da brachen die Hirten auf
und folgten dem Stern.
Der Weg führte über Hügel
und durch Täler, über Brücken
und vorbei an kleinen Dörfern,
in denen die Menschen, die noch nichts
vom Christkind wußten, schliefen.*

*Und immer heller schien der Stern,
bis er über einem kleinen Stall haltmachte.
In diesem Stall in einer Krippe
lag das neugeborene Kind.
Es war das Christkind, der Sohn Gottes.
Die Hirten knieten nieder und beteten.
Ihre Herzen waren voller Freude.*

Jetzt habt ihr gehört, was damals
in Bethlehem geschehen ist,
und wie das Christkind zu uns
auf die Welt kam.
Und jedes Jahr feiern wir wieder
den Geburtstag des Christkindes.
Deshalb sind wir so froh jedes Jahr
zu Weihnachten, und deshalb
wünschen wir einander immer
fröhliche Weihnachten um diese Zeit.
Alle sollen fröhlich sein zu Weihnachten,
weil der arm dran ist,
der sich nicht freuen kann.
Das ist schöner und wichtiger
als alle Geschenke zusammen.
Ich bin nur ein Mann
mit einem roten Mantel, roten Stiefeln,
einer roten Pelzmütze und einem
weißen Bart«, sagt der Weihnachtsmann.
Dabei steckt er die Hände in seine
Manteltasche und schmunzelt.
»Wie dumm wir waren«, sagt da der Fuchs.
»Wir haben alle geglaubt, daß Weihnachten
nur etwas mit Geschenken zu tun hat.«
»Aber jetzt wißt ihr es auch besser«,
sagt der Weihnachtsmann,
und reibt sich dabei vergnügt die Hände.
»Immer wenn ich diese Geschichte erzähle,
wird mir ganz warm ums Herz.

Nun muß ich mich aber beeilen«,
sagt der Weihnachtsmann,
»es gibt noch eine ganze Menge zu tun.
Ein paar Geschenke will ich auch diesmal verteilen.
Wollt ihr mir dabei helfen?«
Und der Weihnachtsmann stapft über Wiesen und
Felder und durch den Schnee bis zu seinem Haus.
Die Tiere folgen ihm alle.

Und am Heiligen Abend
sitzen sie wieder zusammen
im Haus des Weihnachtsmannes.
Sie feiern Weihnachten.
Wie gemütlich und warm es hier ist.
Sie spüren, daß sie einander
sehr lieb haben und freuen sich sehr.
Und noch einmal erzählt der Weihnachtsmann
seine Lieblingsgeschichte:
»Es geschah vor langer langer Zeit
an einem weitentfernten Ort,
der Bethlehem hieß ...«
Dann war es ruhig
im Haus des Weihnachtsmannes.

Der Weihnachtsmann ist heute
der glücklichste von allen, denn er weiß:
das schönste Weihnachtsgeschenk
ist doch Weihnachten selbst.

Folgende Bücher wurden von Ivan Gantschev illustriert
und sind im Michael Neugebauer Verlag erschienen:
DER SCHATZ IM MONDSEE
DIE WEIHNACHTSGESCHICHTE erzählt vom Weihnachtsmann
HALLO, BÄR! Achim Bröger
IVAN GANTSCHEV WERKKATALOG
DIE ARCHE NOAH

Erhältlich in allen guten Buchhandlungen!

✳MICHAEL
✳NEUGEBAUER
✳VERLAG

MICHAEL NEUGEBAUER VERLAG, Gossau Zürich/Hamburg/Salzburg

Die Abenteuer von Pu-der-Bär im Hundertsechzig-Morgen-Wald

Band 70395 Ab 8

Hier kommt Pu-der-Bär, Christopher Robins bester Freund, mit all seinen Bekannten aus dem Hundertsechzig-Morgen Wald! Da gibt es Ferkel mit dem kleinen Mut, den griesgrämigen Esel I-Ah, Kaninchen, die zischende Eule und all die anderen. Selbst Känga, der nachgesagt wird, daß sie ihre Familie in der Tasche herumschleppt, schließt mit Pu Freundschaft – immer wieder dienstags, wenn Klein Ruh seinen großen Freund Kaninchen besucht...

Band 70397 Ab 8

Immer wieder folgt Pu-der-Bär seinem Freund Christopher Robin in den Hundertsechzig-Morgen-Wald, dort wo die Großen Dinge über Gar Nichts passieren. Pu lernt den Tiger »Tieger« kennen, der mit Klein Ruh eines Tages auf die große Fichte klettert, immer höher und höher, bis alles plötzlich fürchterlich aufregend wird. Und I-Ah bekommt ein Haus am Puwinkel gebaut – das so gemütlich wie nur etwas wird. Pu selbst aber landet mit Christopher Robin an einem verzauberten Ort...